AF202262

Über den Inhalt

Wenn Ihnen die Zähne noch nicht mit Leim am Gaumen kleben, dann kennen Sie das Problem: Einmal zu fest auf die Tube gedrückt, und schon ist zu viel Zahnpasta raus.

Dank diesem Ratgeber gibt es keinen Grund zu verzweifeln. Einfache Ratschläge helfen Ihnen dabei, den Überblick zu behalten und auch derartig komplizierte Probleme mit Bravour zu meistern.

Eine wegweisende Lektüre, egal in welcher Lebenslage Sie sich gerade befinden.

Homberg Flöckli und Cora Halden

Push Back

Oder wie Sie die Zahnpasta wieder zurück in die Tube bekommen.

© 2017 Heiko Stegmaier und Ursula Streit

Autoren: Homberg Flöckli und Cora Halden

Verlag: tredition GmbH, Hamburg
ISBN: 978-3-7439-2312-6 (Paperback)
        978-3-7439-2313-3 (Hardcover)
        978-3-7439-2314-0 (e-Book)
Printed in Germany

Ratschlag 1
Bewahren Sie Ruhe.

Lautes Schreien hilft weder Ihnen, noch der ausgedrückten Zahnpasta. Sicher, Sie erregen damit Aufmerksamkeit. Und man füttert Sie vielleicht. Solange Sie aber Ihr Problem nicht genau definieren, nerven Sie nur und man stellt Sie mit irgendwelchen Gefälligkeiten wieder ruhig.

Ratschlag 2

Stiften Sie dem Ganzen einen Sinn.

Alleine, dass die Zahnpasta zurück in die Tube muss, reicht nicht. Das ist zwar ein Ziel, aber sinnlos. Bestenfalls eine Beschäftigung. Ändern Sie das und stellen Sie die wirklich wichtigen Fragen im Leben. Warum? Und überhaupt? 42.

Ratschlag 3

Lassen Sie darüber debattieren.

Sie können die Aufgabe auch anderen überlassen. Oder zumindest die Diskussion darüber (nicht zu verwechseln mit *Ratschlag 32*). Politikern zum Beispiel. Wählen Sie jemanden aus dem rechten und linken Spektrum. Mit hoher Wahrscheinlichkeit wird das Ihr Problem nicht lösen – Sie können sich aber an der Kompromisslosigkeit aufregen, anstatt über die Zahnpasta. Das lenkt ab und gibt Raum für neue Ideen.

Ratschlag 4

Erstellen Sie ein Konzept.

Konzeptloses Vorgehen mag zeitweise ganz witzig sein. Es hilft aber nur selten. Definieren Sie also vor Beginn des Projekts, was Sie damit erreichen wollen und suchen Sie nach ein paar hübschen Modellen. Sinnvollerweise legen Sie auch gleich das Vorgehen fest, damit arbeiten Sie bereits für *Ratschlag 5* vor. Wenn Sie mit dem Konzept fertig sind, schicken Sie dieses in die Vernehmlassung bei wildfremden Menschen oder wahlweise auch beim Projektteam, sofern Sie eines haben. Aufgrund des Inputs können Sie danach das Konzept wieder verwerfen und Beginnen bei *Ratschlag 4*.

Ratschlag 5
Erstellen Sie einen Projektplan.

Wenn das Konzept steht, dann erstellen Sie einen sauberen Projektplan. In diesem definieren Sie Schritt für Schritt, wie Sie vorgehen möchten und wann Sie welchen Meilenstein erreichen sollten. Und nennen Sie Meilensteine besser «Mile Stones», damit täuschen Sie Kompetenz vor. Das ist wichtig (siehe auch *Ratschlag 68*).

Ratschlag 6

Gehen Sie in den Wald.

Oh, ein Eichhörnchen.

Ratschlag 7
Veranstalten Sie ein
Casting.

Mit Sicherheit ist irgendein Dorftrottel oder eine Provinzsirene dabei, über die Sie sich lustig machen können. Sie merken so sehr schnell, dass es noch Menschen mit grösseren Problemen gibt und Sie fühlen sich mit der Zahnpasta gleich viel besser.

Ratschlag 8

Suchen Sie sich einen Partner.

Oder alternativ eine Partnerin. Oder alternativ beides. Oder mehrere davon. Wie Sie sich auch immer entscheiden: Ein Gegenüber kann Ihnen allenfalls bei der Problemlösung helfen, oder aber es lenkt Sie ab. Sicher ist nur, dass Sie diese Massnahme gründlich überlegen sollten. Sie könnten sich damit viele neue Probleme einhandeln. Falls Sie noch nicht so weit sind, sich auf eine Beziehung einzulassen: *Ratschlag 46ff.*

Ratschlag 9

Lassen Sie es bleiben.

Wenn Ihnen die vorangegangen Ratschläge nicht geholfen haben, dann sind Sie ein hoffnungsloser Fall. Suchen Sie sich ein Hobby. Wenn Sie an Problemen wie der Zahnpasta scheitern: Lesen Sie zum Beispiel einen Ratgeber, wie Sie Ihr Leben meistern können. Wir empfehlen Ihnen «Push Back. Oder wie Sie die Zahnpasta wieder zurück in die Tube bekommen». Wenn Sie den lesen: Ignorieren Sie *Ratschlag 9* und lesen Sie weiter.

Ratschlag 10

Glauben Sie nicht an eine Lösung.

Der Glaube hilft Ihnen vermutlich bei vielen Dingen. Vielleicht spendet er Ihnen Trost. Sicher ist aber, dass er Ihnen nicht dabei helfen wird, die Zahnpasta wieder zurück in die Tube zu bekommen. Glauben Sie an etwas anderes oder an gar nichts.

Ratschlag 11
Verzweifeln Sie.

Wenn die Herausforderung zu gross für Sie ist, dann verzweifeln Sie. Schmettern Sie etwas an die Wand. Das Porzellangeschirr der Oma zum Beispiel. Oder eine Ming Vase im Museum. Auf keinen Fall aber die Tube, das könnte Ihr Problem nur noch verschlimmern.

Ratschlag 12

Suchen Sie professionelle Hilfe.

Über ein Zeitungsinserat zum Beispiel. Vergessen Sie aber nicht, Ihren richtigen Namen zu verheimlichen. Man könnte Sie und Ihr Problem missverstehen und Ihnen auf eine Art helfen, die Sie nicht wollen.

Ratschlag 13
Rufen Sie die Polizei.

Sie ist Ihr Freund und Helfer. Mit Sicherheit hat die Polizei auch eine Lösung für Ihr Problem. Sie kann zum Beispiel die Zahnpasta mit dem Schlagstock zurück in die Tube knüppeln. Oder Ihnen einfach nur zuhören, während sie es unterlässt, wichtigere Dinge zu tun. Wie zum Beispiel Parkbussen verteilen.

Ratschlag 14

Geben Sie sich eine Antrittsentschädigung.

Das muss nicht weiter erklärt werden. Lesen Sie in diesem Zusammenhang auch *Ratschlag 33*.

Ratschlag 15
Organisieren Sie einen Schlägertrupp.

Dieser hilft Ihnen vielleicht nicht mit der Zahnpasta, könnte aber Ihr Problem auf eine ganz andere Art lösen. Plötzlich brauchen Sie die Zahnpasta nicht mehr. Sie werden sich wundern, wie erleichtert Sie plötzlich sein werden.

Ratschlag 16
Ignorieren Sie das Problem.

Ignoranz ist oft ein guter Ansatz. Die Welt wird gleich viel angenehmer. Probleme verschwinden oder werden zu Problemen Ihrer Mitmenschen. Wenn Sie zudem *Ratschlag 8* berücksichtigen, löst sich das Problem mit Ignoranz unter Umständen von alleine. Ihr Partner kann sich darum kümmern.

Ratschlag 17

Lassen Sie sich Zeit.

Nicht alles muss sofort gelöst werden. Sie können sich also durchaus etwas Zeit lassen. Passen Sie aber den Projektplan an und definieren Sie neue Mile Stones (siehe *Ratschlag 5*). Und wenn es dann doch einmal zu lange war, dann können Sie sich ja immer noch an *Ratschlag 57* halten.

Ratschlag 18

Lesen Sie den Koran im Original.

Es muss nicht immer Deutsch sein und vielleicht finden Sie so eine Lösung. In einer Sure muss das doch versteckt sein. Apropos Koran: Beachten Sie unbedingt *Ratschlag 35,* sonst wird das vermutlich nichts.

Ratschlag 19
Halten Sie die Luft an.

Dieser Ratschlag hilft Ihnen nicht dabei, das Problem zu lösen. Es bewahrt Sie jedoch davor, die Zahnpasta weiter zu verwenden. Gegen Mundgeruch zum Beispiel. Durch diesen Ratschlag können Sie Ihre Zähne nicht putzen und gleichzeitig stören Sie auch niemanden anderen.

Ratschlag 20

Ersuchen Sie um eine Audienz beim Papst.

Vielleicht kann Ihnen der Pontifex helfen. Vielleicht auch nicht. Leider konnte dieser Ratschlag noch nicht genauer überprüft werden, da eine Audienz bisher nie zustande kam.

Ratschlag 21

Schliessen Sie eine Rechtsschutzversicherung ab.

Sollte Sie jemand für das Problem verantwortlich machen, dann können Sie immer noch eine teurere Anwaltskanzlei beiziehen. Es könnte Sie sonst ruinieren.

Ratschlag 22

Lösen Sie zuerst ein einfacheres Problem.

Den Nahostkonflikt zum Beispiel. Es lohnt sich, mit einfacheren Dingen zu beginnen, bevor man sich an die ganz grossen Herausforderungen heranwagt. Sie lernen dabei, Hürden zu meistern und mit Stress umzugehen. Irgendwann fühlen Sie sich dann der Zahnpasta gewachsen und Sie erachten die Zahnpasta nicht mehr als unlösbares Problem. Sie wird so zum Ponyhof und eine Zwei-Tuben-Lösung plötzlich vertretbar.

Ratschlag 23
Gehen Sie auf Weltreise.

Lernen Sie, wie andere Kulturen mit dem Problem umgehen. Das erweitert Ihren Horizont. Und wenn Sie Glück haben, werden Sie mit ganz neuen Lösungsansätzen konfrontiert. Vermeiden Sie aber Regionen des IS, das würde den Horizont unnötig einschränken. Die Zahnpasta wäre dann nicht mehr Ihr grösstes Problem. Immerhin verstehen Sie aber was die von Ihnen wollen, sofern Sie die *Ratschläge 18 und 35* befolgen.

atschlag 24

Werden Sie Vegetarier.

Auch wenn man nicht genau sagen kann, wie das bei der Problemlösung helfen soll: Tragen Sie ein wenig zur Reduktion der Treibhausgase bei und verschonen Sie blähende Kühe. Wobei, wenn Sie blähende Kühe verschonen, würden diese weiter Treibhausgase produzieren. Vergessen Sie diesen Ratschlag wieder und kaufen Sie ein gutes Stück Fleisch.

Ratschlag 25

Lutschen Sie einen Zuckerwürfel.

Auch wenn es anfangs nicht so scheint: Häufiges beachten dieses Ratschlags löst das Problem ganz von alleine. Die Zähne fallen aus. Irgendwann ist die Zahnpasta einfach überflüssig – und ob oder wie sie wieder in die Tube kommt erscheint ihnen plötzlich sinnlos. Da ist dann auch *Ratschlag 2* völlig überflüssig. Es bleibt sinnlos.

Ratschlag 26
Studieren Sie Philosophie.

Wenn Sie bis jetzt mit *Ratschlag 2* noch nicht weiter gekommen sind, dann studieren Sie Philosophie. Mit Sicherheit lernen Sie da, wie man Sinn stiftet.

Ratschlag 27

Machen Sie was Sinnvolleres.

Sind Sie mit *Ratschlag 2* immer noch nicht weiter gekommen? Und *Ratschlag 26* hat auch nichts genützt? Dann machen Sie etwas, dem man schon einen Sinn gegeben hat. Die Welt retten zum Beispiel. Oder werden Sie Bauingenieur.

Ratschlag 28

Nehmen Sie Drogen.

LSD zum Beispiel. Wenn Sie Glück haben, geht die Zahnpasta von alleine wieder zurück in die Tube. Aber seien Sie sich bewusst: Wenn Sie Pech haben, werden Sie von einer leeren Zahnpastatube attackiert.

Ratschlag 29

Finden Sie einen Ausweg.

Stecken Sie immer noch bei *Ratschlag 4* fest? Vernehmlassungen können ganz schön anstrengend sein. Meistens hilft ein dezentes «What The Fuck» oder besser und ehrlicher «Leckt mich doch alle am Arsch» in die Runde. Danach stehen Sie meistens alleine da und können beruhigt weiterarbeiten – ohne widersprüchliche Inputs des Teams.

Ratschlag 30
Bauen Sie Brücken.

Nicht zwischen den Leuten aus *Ratschlag 4*. Die sollten Sie schon lange zum Teufel gejagt haben. Bauen Sie richtige Brücken. Das können Sie ja nun, nachdem Sie *Ratschlag 27* eingehalten haben.

Ratschlag 31

Stellen Sie klare Regeln auf.

Oder lesen Sie wahlweise nochmals diesen Ratgeber.

Ratschlag 32

Delegieren Sie das Problem.

Wenn Ihnen das Problem zu komplex ist, dann lassen Sie es doch einfach durch andere lösen. Stellen Sie jemanden an, der das für Sie erledigt. Der grosse Vorteil: Scheitert das Projekt, sind nicht Sie schuld sondern können ganz einfach jemandem die Schuld zuweisen. Sie hingegen sind fein raus.

Ratschlag 33

Belohnen Sie sich.

Das hilft und motiviert. Wenn Sie *Ratschlag 32* eingehalten haben, dann belohnen Sie sich. Es ist nicht so einfach, gut qualifiziertes Personal zu finden. So etwas muss also entsprechend entlohnt werden. Auch unabhängig davon: Geben Sie sich einen Bonus, auch wenn etwas schief geht. Schliesslich sind Sie es, die/der den ganzen Druck aushalten muss. Und falls der Druck doch zu hoch wird: *Ratschlag 71* verschafft Abhilfe.

Ratschlag 34

Belohnen Sie nicht andere.

Man kann das gar nicht oft genug betonen. Tun Sie es nicht. Niemals. Dieser Ratschlag steht in direktem Zusammenhang mit den *Ratschlägen 32 und 33*. Auch sehr erfolgreiches Personal müssen Sie nicht belohnen. Erfinden Sie etwas. Legen Sie Steine in den Weg. Es gibt gute Mittel, qualifiziertes Personal scheitern zu lassen. Aber übertreiben Sie es nicht. Schliesslich soll das Personal ein «erfüllt» erreichen. Das genügt für die Problemlösung und ist zu wenig um sie belohnen zu müssen.

Ratschlag 35
Lernen Sie Arabisch.

إن لم تستطع قراءة هذا النص فأنت على الأرجح فشلت عند القاعدة رقم ١٨. إذاً حان الوقت لتعويض النقص والبدء من عند القاعدة ١٨. كبديل تستطيع طبعا أن تطبق القاعدة ٥٢ فجوجل تستطيع الترجمة، وقد كان بإمكانك أن تصل إلى هذا الإستنتاج لوحدك.

Sollte das irgendwas Schlimmes be-deuten oder keinen Sinn ergeben: Die Autoren des Ratgebers halten sich strikt an *Ratschlag 73*.

Ratschlag 36

Erwürfeln Sie die Lösung des Problems.

Dieser Ratschlag ist einfach. Würfeln Sie 1 bis 3, dann würfeln Sie so lange, bis Sie 4, 5 oder 6 würfeln. Das nützt Ihnen vielleicht nichts, ist aber unterhaltsam, wenn Sie sich mit banalen Spielen beschäftigen lassen.

Ratschlag 37

Holen Sie sich zuerst eine Pizza.

Aus der Dönerbude um die Ecke zum Beispiel. Die haben das. Danach essen Sie aber nur die Halbe und heben den Rest für später auf. Mit einem vollen Magen arbeitet es sich nur sehr schlecht. Wenn Sie *Ratschlag 46ff* einhalten: Seien Sie vorsichtig, wo Sie die zweite Hälfte der Pizza aufbewahren.

Ratschlag 38

Halten Sie Alternativen bereit.

Haben Sie sich nicht an *Ratschlag 37* gehalten und doch die ganze Pizza gegessen oder rennen dem Hund hinterher? Lassen Sie den Köter in Ruhe und befolgen Sie *Ratschlag 44*.

Ratschlag 39

Bezeichnen Sie das Problem als Kunstwerk.

Das löst nicht nur Ihr aktuelles Problem. Im besten Fall werden Sie durch diesen Ratschlag sogar reich und können für alle anderen Sorgen *Ratschlag 32* anwenden.

Ratschlag 40

Denken Sie über Ratschlag 42 nach.

Machen Sie das mal, wenn Sie soweit sind.

Ratschlag 41

Geben Sie sich eine Abgangs-entschädigung.

Am Problem gescheitert oder nicht: Man kann gar nicht genug betonen, wie wichtig *Ratschlag 33* ist.

Falls Sie im Wald nicht fündig wurden. Hier. Für Sie:

Ratschlag 43

Rufen Sie Ihre Mutter an.

Es ist nie zu spät, sich bei den Eltern zu melden. Gestehen Sie sich ruhig ein, dass Mutti immer noch die Beste ist. Ihr Problem löst sich. Sicher. Und bei der Gelegenheit: Ziehen Sie sich etwas Warmes an und föhnen Sie sich die Haare, bevor Sie aus dem Haus gehen. Sonst erkälten Sie sich noch.

Ratschlag 44

Schlafen Sie darüber.

Schlafen ist ohnehin immer eine gute Idee. Besonders wenn Sie sich überfressen haben oder besoffen sind. Auch wenn es nicht um Zahnpasta geht. Hinlegen, Augen zu, weg dösen. Sie wissen doch, wie das geht.

Ratschlag 45
Treiben Sie Sport.

Statt über Problemlösungen zu brüten, gehen Sie lieber rennen. Das schützt vor Verfettung. Insbesondere wenn Sie bei *Ratschlag 37* gescheitert sind. Sie lösen so zwar nicht das eigentliche Problem mit der Zahnpasta, aber unter Umständen ganz andere. Und wenn Sie schon dabei sind: Denken Sie an *Ratschlag 6*.

Ratschlag 46

Streicheln Sie Welpen im Tierheim.

Doch zu faul für *Ratschlag 45*? Dann entspannen Sie halt irgendwie anders. Beim Welpen streicheln im Tierheim zum Beispiel. Gegen Verfettung hilft das nicht. Aber süss sind sie, die kleinen Hundewelpen.

Ratschlag 47

Bringen Sie den Hund zurück.

Haben Sie *Ratschlag 46* befolgt und konnten nicht widerstehen? Bringen Sie den Hund zurück, denn Sie haben keine Zeit für ihn. Füttern und Gassi gehen nehmen viel zu viel Zeit in Anspruch. Sie kommen so nicht mehr zu wirklichen Problemlösungen.

Ratschlag 48

Vergessen Sie Ratschlag 47.

Und holen Sie den Hund wieder aus dem Tierheim. Er ist halt schon irgendwie knuffig und Sie finden bestimmt ein wenig Zeit für das Tier. Aber passen Sie auf, dass er die Zahnpasta nicht aufleckt. Dagegen hilft, wenn Sie *Ratschlag 37* nicht mit allerletzter Konsequenz befolgen. Das satte Tier frisst dann die Zahnpasta nicht. Ausser der Hund ist ein Labrador. Die fressen alles. Immer. Auch Pizza.

Ratschlag 49

Vergessen Sie nicht worum es geht.

Wenn Sie vor lauter Ratschlägen den Fokus verloren haben: Es geht nach wie vor darum, die Zahnpasta zurück in die Tube zu bekommen.

Ratschlag 50

Handeln Sie bevor Sie denken.

Sie können alles zu Tode evaluieren. Lassen Sie es. Drücken Sie die Zahnpasta einfach zurück in die Tube. Wenn Sie den falschen Ansatz gewählt haben: Befolgen Sie *Ratschlag 41*.

Ratschlag 51

Nutzen Sie Social Media.

Wenn die Social Media dazu dienen, Revolutionen auszulösen und scheitern zu lassen, dann können diese sicher auch bei Ihrem Problem helfen. Fragen Sie einfach mal online um Rat. Irgendjemand war bestimmt einmal mit dem gleichen Problem konfrontiert. Alternativ geht natürlich auch *Ratschlag 52*. Oder klicken Sie mit Ihrem Hund durch Katzenbilder. Der mag so etwas. Sie sicher auch.

Ratschlag 52
Suchen Sie auf Google.

Eigentlich hätten Sie das auch schon früher machen können. Zumindest vor *Ratschlag 51*. So hätten Sie verhindern können, dass die Suche bereits personalisiert ist und Sie nur noch Resultate von dümmlich aussehenden Katzen erhalten.

Ratschlag 53

Verklagen Sie jemanden.

Denn irgendwer muss ja für das Problem verantwortlich sein. Sicher ist nur: Sie sind es nicht. Sollte es zu einem teuren Rechtsfall kommen, dann haben Sie ja *Ratschlag 21* befolgt.

Ratschlag 54

Betrinken Sie sich.

Das lust in dr Regl. Kunz völe Problem. Klar dönken isst nur selten nötgi. ?*" Oder wus 42!* war das*ç normal?%

Ratschlag 55

Halten Sie sich an
Ratschlag 44.

Wenn Sie *Ratschlag 54* befolgt haben, dann verschafft Ihnen *Ratschlag 44* wieder einen klaren Kopf. Denn klar denken ist halt doch irgendwie nötig, um das Problem zu lösen. Und machen Sie sich keine Sorgen um den Kater am nächsten Tag. Dagegen gibt es Tabletten. Oder Kaffee, oder wahlweise halt auch einen Schnaps.

Ratschlag 56

Suchen Sie Ratschlag 42.

Natürlich nur, sofern Sie das nicht schon bei *Ratschlag 40* getan haben. Sonst: Der muss irgendwo rum liegen. Und wenn Sie sich an *Ratschlag 54* gehalten haben, dann können Sie alle anderen Ratschläge auch nochmals lesen. Übrigens: Gehen Sie in den Wald.

Ratschlag 57

Besorgen Sie einen Spachtel.

Denn diesen dürften Sie mittlerweile für die Zahnpasta benötigen. Die kann nämlich ganz schön schnell eintrocknen.

Ratschlag 58
Leugnen Sie das Problem.

Wenn Sie mit *Ratschlag 16* gescheitert sind, dann können Sie immer noch abstreiten, dass überhaupt ein Problem existiert. Dieser Ratschlag hilft Ihnen auch in ganz anderen Lebenslagen. Leugnen Sie zum Beispiel die Affäre, falls Sie *Ratschlag 8* eingehalten haben. Hilft. Ist getestet.

«Ist getestet? Homberg, du Arsch!»

Ratschlag 59
Adoptieren Sie Kinder.

Madonna hat es gemacht. Brangelina (wir behalten sie in guter Erinnerung) sammelten sie. Es spricht also nichts dagegen, dass Sie unabhängig von *Ratschlag 8* Kinder bekommen. Wenn Sie in der Erziehung nicht völlig versagen, dann sollte ein Kind dabei sein, das Ihr Problem spielerisch lösen wird. Falls keines dabei ist: Heute gibt es Sozialpädagogen. Die helfen dann Ihrem Kind, damit es Ihnen helfen kann.

Ratschlag 60

Streichen Sie etwas.

Umher. Die Wände Ihres Wohnzimmers oder einfach ein paar Ratschläge in diesem Ratgeber. Dinge streichen hilft, wenn es zu viel wird oder Sie einen neuen Farbklecks brauchen.

Ratschlag 61

Kaufen Sie sich was Schönes.

Zum Beispiel nochmals diesen Ratgeber. Oder einfach eine neue Tube Zahnpasta.

Ratschlag 62
Schlucken Sie Schmerzmittel.

Das hilft Ihnen nicht bei der Lösung Ihres Problems. Sie sollten es aber tun, wenn Sie *Ratschlag 15* beachtet haben. Und wenn Sie schon dabei sind, können Sie im gleichen Zusammenhang auch *Ratschlag 13* anwenden. Erzählen Sie aber dieses Mal vom Schlägertrupp und lassen Sie das mit der Zahnpasta bleiben.

Ratschlag 63

Drücken Sie die ganze Tube aus.

Wenn Sie das Abnormale stört, dann erklären Sie es ganz einfach zur Normalität. Die einzige Sorge, die Sie dann noch haben: Sie müssen sich unseren Ratgeber «Fully Empty» kaufen. Mit 432 einfachen Ratschlägen erklärt dieser, wie man die Zahnpasta komplett ausdrückt.

Ratschlag 64

Spenden Sie etwas.

Zahnpasta zum Beispiel. Das löst Ihr Problem und Sie tun etwas für Ihr Gewissen. Wenn es Geld ist: Denken Sie unbedingt an die *Ratschläge 33 und 34.*

Ratschlag 65

Fluchen Sie.

Das hilft garantiert nicht. Aber glauben Sie, es erleichtert. Insbesondere dann, wenn Sie immer noch mit *Ratschlag 4* beschäftigt sind.

Ratschlag 66
Hoffen Sie nicht auf eine Lösung.

Das geht in die Richtung von *Ratschlag 10*. Sie dürfen zwar hoffen, es nützt Ihnen aber nichts. Nie. Und auch wenn man sagt, die Hoffnung sterbe zuletzt – in diesem Fall könnte sie vor Ihnen den Löffel abgeben.

Ratschlag 67

Tanzen Sie.

Anderen Leuten auf der Nase herum. Wenn Sie das Problem mit der Zahnpasta nicht lösen können, dann ärgern Sie zumindest andere Menschen. Sie müssen ja nicht die einzige Person sein, die sich gerade nervt. Und wenn Sie sich zum Affen machen wollen, dann können Sie auch in einen Club.

Ratschlag 68

Tarnen und täuschen Sie.

Sie haben keine Ahnung wovon Sie sprechen? Das macht nichts. Wir auch nicht. Tun Sie einfach so als ob. Wenn Sie selbstsicher genug auftreten, dann glaubt man Ihnen das auch.

Ratschlag 69

Versuchen Sie mal was Neues.

Eine Stellung oder etwas in der Art. Neue Perspektiven eröffnen oft neue Möglichkeiten. Einfach mal andersrum könnte ja passen, dann hat sich auch *Ratschlag 8* gelohnt. Vorsicht aber, wenn Sie nur den Hund haben, dann lieber *Ratschlag 71*.

Ratschlag 70
Feuern Sie jemanden.

Sofern Sie *Ratschlag 32* befolgt haben, bleibt Ihnen immer noch diese Option. Machen Sie andere Personen für Ihre Inkompetenz verantwortlich. Das tut gut. Und wenn Sie das tun: Vergessen Sie auf keinen Fall *Ratschlag 33*.

Ratschlag 71

Masturbieren Sie.

Nein! Warten Sie! Lassen Sie das sein! Stopp jetzt! Es wäre schade um den schönen Ratgeber. Und glauben Sie uns, Sie lösen damit nicht Ihr Problem. Schluss jetzt! Herrje.

Ratschlag 72

Vergessen Sie Ratschlag 56.

Sie werden *Ratschlag 42* nicht finden. Konzentrieren Sie sich lieber wieder auf das eigentliche Problem.

Ratschlag 73

Lehnen Sie jede Verantwortung für Ihr Handeln ab.

Sollte etwas schief gehen: Sie waren es nicht und wissen auch von nichts. Stellen Sie sich dumm. Somit wird auch *Ratschlag 21* obsolet. Sie waren es ja nicht.

Ratschlag 74

Hören Sie auf zu Rauchen.

Und falls Sie nicht rauchen: Fangen Sie damit an, sonst ergibt dieser Ratschlag keinen Sinn. Sollten Sie den Entzug schaffen, dann vergessen Sie *Ratschlag 33* nicht.

Ratschlag 75

Es tut uns Leid.

Wenn Sie das Problem noch nicht gelöst haben, dann ist Ihnen nicht mehr zu helfen. Versuchen Sie es mit unseren anderen Ratgebern wie «Hilfe, mein Labrador frisst mich arm», «Fully Empty» oder «Wie lese ich den Koran ohne Arabischkenntnisse». Das sollten Probleme sein, mit denen Sie mittlerweile auch zu kämpfen haben.

Und denken Sie daran: Die Autoren halten sich strikt an *Ratschlag 73*.

Zeitfracht Medien GmbH
Ferdinand-Jühlke-Straße 7
99095 Erfurt, Deutschland
produktsicherheit@kolibri360.de